PARAMAHANSA JOGANANDA

(1893 – 1952)

JAK MOŻNA ROZMAWIAĆ

Z

BOGIEM

PARAMAHANSA JOGANANDA

Self-Realization Fellowship
FOUNDED 1920 BY PARAMAHANSA YOGANANDA

O TEJ KSIĄŻCE: *Jak można rozmawiać z Bogiem* powstało z połączenia dwóch wykładów wygłoszonych przez Paramahansę Jogananadę w roku 1944 w dwóch założonych przez niego świątyniach – w San Diego i w Hollywood, gdzie – jak miał w zwyczaju – wykładał naprzemiennie w kolejne niedziele. Często, po wykładzie na pewien temat w jednej ze świątyń, w kolejną niedzielę dawał wykład w drugiej świątyni, zajmując się innymi aspektami tego samego tematu, jaki zaprezentował poprzedniego tygodnia. Przez wszystkie lata jego wykłady były stenografowane przez jedną z jego najwcześniejszych i najbliższych uczennic – Śri Daja Matę (prezydenta i duchowego przywódcę Self-Rrealization Fellowship od roku 1955 aż do jej śmierci w roku 2011). Książka ta została przetłumaczona na wiele języków.

Tytuł oryginału w języku angielskim wydanego przez
Self-Realization Fellowship, Los Angeles (Kalifornia):
How You Can Talk With God

ISBN: 978-0-87612-160-3

Przekład na polski: Self-Realization Fellowship

Wydanie auroryzowane przez International Publications
Council of Self-Realization Fellowship

Pierwsze wydanie w języku polskim, 2013
First edition in Polish, 2013
To wydanie 2025
This printing 2025

ISBN: 978-0-87612-396-6

1414-J8617

Wielka jest chwała Boża. Bóg jest rzeczywisty i można Go odnaleźć [...] Kiedy cicho i pewnie podążasz ścieżką życia, to musisz uświadomić sobie, że Bóg jest jedynym obiektem, jedynym celem, który może cię zadowolić, bo w Bogu kryje się odpowiedź na każde pragnienie serca.

—Paramahansa Jogananda

JAK MOŻNA
ROZMAWIAĆ Z BOGIEM

Wyjątki z wykładów wygłoszonych przez
Paramahansę Joganandę 19 i 26 marca 1944 roku

To, że można rozmawiać z Bogiem, jest udowodnionym faktem. W Indiach przebywałem w obecności świętych, podczas kiedy rozmawiali oni z Ojcem Niebiańskim. Również wy wszyscy możecie się z Nim komunikować, nie w jednostronnej rozmowie, ale w prawdziwej konwersacji, podczas której mówicie do Boga, a On wam odpowiada. Oczywiście każdy może rozmawiać z Panem. Dzisiaj jednak będę mówił o tym jak nakłonić Go, żeby nam udzielił odpowiedzi.

Czemu mielibyśmy wątpić? Święte księgi całego świata pełne są opisów rozmów między Bogiem i człowiekiem. Jedno z najpiękniejszych takich wydarzeń odnotowane zostało w Biblii w I Księdze Królewskiej 3, 5-13: „Pan ukazał się Salomonowi we śnie. Wtedy Bóg rzekł: «Proś! Co mam ci dać?» A Salomon odrzekł: [...] «Daj Twemu słudze serce rozumne [...]». Na co Bóg odrzekł: «Ponieważ poprosiłeś o to, a nie o długie życie, ani też o bogactwo dla siebie, jak również nie poprosiłeś o zgubę twych nieprzyjaciół, ale poprosiłeś dla siebie o umiejętność rozstrzygania spraw sądowych, oto spełniam twoje pragnienie i daję ci serce mądre i pojętne [...]. I choć nie prosiłeś, daję ci ponadto bogactwo i sławę»".

Dawid również wielokrotnie prowadził rozmowy z Panem, a nawet omawiał z Nim sprawy przyziemne. „Wtedy Dawid radził się Boga mówiąc: «Czy mam pójść na Filistynów? Czy oddasz ich w moje ręce?» A Pan odrzekł mu: «Idź, oddam ich w twoje ręce»"[1].

Boga może wzruszyć jedynie miłość

Przeciętny człowiek modli się do Boga jedynie swoim umysłem, a nie całą żarliwością swego serca. Takie modlitwy są zbyt słabe, by otrzymały odpowiedź. Powinniśmy mówić do Boskiego Ducha z zaufaniem i z poczuciem bliskości, tak jak do ojca lub matki. Nasz związek z Bogiem powinien opierać się na bezwarunkowej miłości. Bardziej niż w jakimkolwiek innym związku mamy prawo naturalnie żądać odpowiedzi od Ducha w Jego aspekcie Boskiej Matki. Bóg jest zmuszony odpowiedzieć na taki apel, ponieważ istotą matki jest miłość i przebaczenie dla jej dziecka, bez względu na to, jak wielkim jest ono grzesznikiem. Związek pomiędzy matką i dzieckiem jest najpiękniejszą formą ludzkiej miłości, jaką nam Bóg ofiarował.

---

[1] I Księga Kronik 14:10

Konieczna jest konkretna koncepcja Boga (na przykład Boskiej Matki), w przeciwnym wypadku nie otrzymamy jasnej odpowiedzi. Również żądanie o Bożą odpowiedź powinno być silne; częściowa wiara w modlitwę jest niewystarczająca. Jeśli zadecydujesz: „On *będzie* ze mną rozmawiał", jeśli odrzucisz przekonanie, że może być inaczej, bez względu na to, jak wiele lat nie odpowiadał ci, jeśli nieustanie będziesz mu ufał, to pewnego dnia On odpowie.

W *Autobiografii jogina* opisałem niektóre z licznych przypadków, kiedy rozmawiałem z Bogiem. Po raz pierwszy usłyszałem Głos Boży, kiedy byłem jeszcze małym dzieckiem. Siedząc pewnego poranka na swoim łóżku popadłem w głęboką zadumę.

„Co znajduje się za ciemnością zamkniętych oczu?" Ta dociekliwa myśl z wielką mocą pojawiła się w moim umyśle. Ogromny błysk światła od razu zamanifestował swoją obecność w moim wewnętrznym wzroku. Boskie kształty świętych, siedzących w medytacji w górskich jaskiniach, uformowały się jak miniaturowe filmowe obrazy na wielkim promiennym ekranie wewnątrz mojego czoła.

„Kim jesteście?" Zapytałem głośno.

„Jesteśmy himalajskimi joginami". Niebiańską odpowiedź trudno opisać. Moje serce przeszył dreszcz radości. Wizja zniknęła, ale srebrzyste wiązki światła rozprzestrzeniały się w nieustannie rozszerzających się ku nieskończoności okręgach.

Zapytałem: „Co to za cudowna poświata?"

„Jestem Iszwarą (Panem). Jestem Światłem". Głos brzmiał jak pomruk chmur.

Kiedy miałem to doświadczenie, moja mama i najstarsza siostra, Roma, były w pobliżu i one również słyszały Boski Głos. Otrzymałem tyle szczęścia z Bożej odpowiedzi, że z miejsca zdecydowałem się Go poszukiwać, tak długo, dopóki nie stanę się całkowicie z Nim zjednoczony.

Większość ludzi myśli, że za zamkniętymi oczami znajduje się jedynie ciemność. Ale kiedy będziesz rozwijał się duchowo i koncentrował na „pojedynczym" oku w czole, to odkryjesz, że twój wewnętrzny wzrok się otworzył. Ujrzysz inny świat, świat wielu świateł i wspaniałego piękna. Pojawią się przed tobą wizje świętych, takie jak ta z himalajskimi świętymi, którą ja widziałem. Jeśli pogłębisz swoją koncentrację jeszcze bardziej, to również będziesz mógł usłyszeć głos Boga.

Wielokrotnie pisma święte mówią nam o obietnicy Boga, że będzie się On z nami komunikował. „Będziecie Mnie szukać i znajdziecie Mnie, albowiem będziecie Mnie szukać z całego serca" – Ks. Jeremiasza

29:13. „Pan jest z wami, gdy wy jesteście z Nim. Jeśli będziecie Go szukać, pozwoli wam się znaleźć, a jeśli Go opuścicie, i On was opuści"– II Ks. Kronik 15:2. „Oto stoję u drzwi i kołaczę: jeśli kto posłyszy mój głos i drzwi otworzy, wejdę do niego i będę z nim wieczerzał, a on ze Mną"– Apokalipsa 3:20.

Jeśli potraficie, choć raz, „przełamać się chlebem" z Panem, przełamać Jego ciszę, to On będzie rozmawiał z wami często. Ale na początku jest to bardzo trudne; nie jest łatwo zawrzeć znajomość z Bogiem, ponieważ On chce być pewny, że wy naprawdę pragniecie Go poznać. Toteż zsyła próby, by się przekonać, czy wierny pragnie Jego, czy czegoś innego. Nie będzie On z tobą rozmawiał dopóty, dopóki Go nie przekonasz, że żadne inne pragnienie nie kryje się w twoim sercu. Dlaczego miałby się tobie objawić, jeśli twoje serce pełne jest tęsknot tylko za Jego darami?

Jedynym podarunkiem dla Boga jest ludzka miłość

Całe stworzenie zostało zaprojektowane jako sprawdzian dla ludzi. Poprzez nasze zachowanie na tym świecie ujawniamy, czy chcemy Boga, czy Jego podarunków. Bóg wam nie powie, że macie Go pragnąć ponad wszystko, ponieważ On chce, żeby wasza miłość była dawana spontanicznie, bez „zachęty". To jest całą tajemnicą w koncepcji gry tego wszechświata. Ten, który nas stworzył, pragnie naszej miłości. Chce, byśmy dawali ją spontanicznie, a nie na Jego prośbę. Nasza miłość jest jedyną rzeczą, której Bóg nie posiada, chyba że zechcemy mu ją okazać. A zatem, jak widzicie, nawet Bóg ma coś do osiągnięcia: naszą miłość. My natomiast nigdy nie będziemy szczęśliwi, dopóki mu jej nie damy. Tak długo, dopóki jesteśmy krnąbrnymi dziećmi, karzełkami czołgającymi się po tym ziemskim globie, płaczącymi za Jego podarunkami, a jednocześnie ignorującymi Jego, ich Dawcę, będziemy wpadali w wiele pułapek nieszczęść.

Skoro Bóg jest Esencją naszej własnej istoty, to nie będziemy mogli prawdziwie siebie wyrazić, dopóki nie nauczymy się przejawiać jego obecności wewnątrz nas samych. Taka jest prawda. To dlatego, że sami jesteśmy boscy, jesteśmy częścią Jego, nie potrafimy odnaleźć trwałej satysfakcji w czymkolwiek materialnym. „Nic nie ochroni tego, który Mnie nie ochroni"[2]. Dopóki nie osiągniesz zadowolenia w Bogu, dopóty nie znajdziesz zadowolenia w czymkolwiek innym.

---

[2] *Gończy Pies Niebios* poemat Francisa Thompsona

Czy Bóg jest osobą, czy jest bezosobowy?

Czy Bóg jest osobą, czy jest bezosobowy? Krótka dyskusja dotycząca tego problemu pomoże wam w próbach komunikowania się z Nim. Wiele osób nie lubi myśleć o Bogu jako o osobie. Sądzą one, że koncepcja antropomorficzna jest ograniczająca. Uważają Go za bezosobowego Ducha, za Wszechmocnego, za Inteligentną Moc, która jest odpowiedzialna za wszechświat.

Ale jeśli nasz Stwórca jest bezosobowy, jak to jest, że stworzył On istoty ludzkie? My jesteśmy osobami: posiadamy swoją indywidualność. Myślimy, odczuwamy, mamy wolę, a Bóg obdarzył nas nie tylko zdolnością odbierania myśli i uczuć innych, ale również odpowiadania na nie. Pan z pewnością nie jest pozbawiony ducha wzajemności, który ożywia Jego własne stworzenia. Kiedy na to pozwolimy, nasz Niebiański Ojciec może ustanowić i ustanowi osobisty związek z każdym z nas.

Kiedy rozważamy bezosobowy aspekt Boga odnosimy wrażenie, że jest On Odległą Istotą, kimś, kto jedynie przyjmuje modlitwy, które odmawiamy w myślach, bez odpowiadania na nie. Kimś kto wszystko wie, a mimo to utrzymuje bezduszne milczenie. Jest to jednak błąd filozoficzny, ponieważ Bóg jest wszystkim: jest tak samo osobowy, jak i bezosobowy. On stworzył osoby, istoty ludzkie. Jako ich Stwórca, nie może być całkowicie bezosobowy.

To, że Bóg może przyjąć ludzką postać, przyjść do nas i rozmawiać z nami zaspokaja głęboką potrzebę w naszych sercach. Dlaczego On tego nie robi dla każdego? Wielu świętych słyszało głos Boga. Dlaczego ty nie możesz? „Tyś Panie jest niewidzialny, bezosobowy, nieznany i niepoznawalny, mimo to wierzę, że mrożącą siłą mojego oddania mogę sprawić, że przyjmiesz «lodową» formę". Za pomocą naszego intensywnego uwielbienia, można przekonać Boga, żeby przyjął osobową formę. Ty, podobnie jak św. Franciszek z Asyżu i inni wielcy święci, możesz ujrzeć żywe ciało Chrystusa, jeśli będziesz modlić się wystarczająco głęboko. Jezus był osobową manifestacją Boga. Ten, kto zna Brahmę (Boga), sam jest Brahmą. Czyż Jezus nie powiedział: „Ja i Ojciec jedno jesteśmy"[3]? Swami Szankara również oświadczył: „Jam jest Duch" oraz „Tyś jest Tym". Znamy słowa licznych wielkich proroków, że wszyscy ludzie zostali stworzeni na obraz i podobieństwo boże.

Większość mojej wiedzy otrzymuję raczej od Boga

---

[3] Jan 10:30

niż z książek. Rzadko czytam. Mówię wam to, co postrzegam bezpośrednio. I dlatego mówię z przekonaniem, z przekonaniem mojego bezpośredniego postrzegania Prawdy. Opinia całego świata może wystąpić przeciwko temu, ale autorytet bezpośredniego postrzegania zawsze w końcu zostanie uznany.

Znaczenie „obrazu Boga"

W Biblii czytamy: „Bo człowiek został stworzony na obraz Boga"[4]. Nikt nigdy nie wyjaśnił w pełni, w jaki sposób człowiek jest obrazem Boga. Bóg jest Duchem i człowiek w swojej esencjonalnej naturze również jest Duchem. Takie jest podstawowe znaczenie biblijnego ustępu, ale jest również wiele innych prawdziwych interpretacji.

Całe ludzkie ciało, świadomość i ruch w nich są mikrokosmiczną reprezentacją Boga. W świadomości jest wszechwiedza i wszechobecność. Możecie natychmiast pomyśleć, że znajdujecie się na Gwieździe Północnej lub na Marsie. W myśli nie ma przepaści między wami, a wszystkim innym. A zatem dzięki wewnętrznej świadomości człowieka, można o nim rzec, że został stworzony na obraz Boga.

---

[4] Genesis 9:6

Świadomość jest świadoma samej siebie; ona intuicyjnie odczuwa siebie. Bóg poprzez Swoją kosmiczną świadomość jest świadom Samego Siebie w każdym atomie stworzenia. „Czyż nie sprzedają dwóch wróbli za asa? A przecież żaden z nich bez woli [świadomości] Ojca waszego nie spadnie na ziemię"[5].

Człowiek posiada również wrodzoną moc świadomości kosmicznej, chociaż niewielu ją rozwija. Człowiek ma również wolę, dzięki której podobnie jak Stwórca może w jednej chwili tworzyć światy, ale niewielu rozwija tę moc, która się w nich znajduje. Zwierzęta nie potrafią rozumować, ale człowiek potrafi. Wszystkie atrybuty, które posiada Bóg – świadomość, rozum, wolę, uczucia, miłość – człowiek posiada również. Na podstawie tych cech, można powiedzieć, że człowiek został stworzony na obraz Boga.

Ciało fizyczne to nie materia, ale energia

Energia, którą odczuwamy w ciele oznacza istnienie większej mocy, niż jest wymagana jedynie do operowania indywidualnym fizycznym pojazdem. Moc kosmicznej energii, która podtrzymuje

---

[5] Mateusz 10:29

wszechświaty, wibruje również i w naszych ciałach. Energia kosmiczna jest jednym z aspektów Boga. A zatem my jesteśmy stworzeni na obraz Boga, nawet z fizycznego punktu widzenia.

Czym jest energia, którą mamy w ciele?

Nasza struktura fizyczna zbudowana jest z molekuł, molekuły z atomów, atomy zbudowane są z elektronów, a elektrony składają się z siły życiowej, czyli „żywotronów" – nieprzeliczonych miliardów drobin energii. Za pomocą duchowego oka, możesz zobaczyć swoje ciało jako masę mieniących się drobin światła – energię, która emanuje z dwudziestu siedmiu trylionów komórek. Jedynie wskutek złudzenia widzisz ciało jako stałą materię. W rzeczywistości nie jest to materia, ale energia.

Tylko dlatego, iż sądzicie, że jesteście zbudowani z krwi i kości, czasami uważacie siebie za słabeuszy. Ale jeśli w swoim ciele zarejestrujecie świadomość Bożą, to uświadomicie sobie, że ciało to nic innego, jak fizyczna manifestacja pięciu wibrujących pierwiastków (żywiołów): ziemi, wody, ognia, powietrza i eteru.

Ludzkie ciało składa się z pięciu uniwersalnych pierwiastków (żywiołów)

Cały wszechświat – będący ciałem Boga – zbudowany jest z tych samych pięciu pierwiastków, z których składa się ciało człowieka. Przypominające kształtem gwiazdę ciało człowieka reprezentuje promienie tych pięciu pierwiastków. Głowa, dwie ręce, dwie nogi wyznaczają pięć ramion gwiazdy. A zatem również i w ten sposób jesteśmy stworzeni na obraz Boga.

Pięć palców reprezentuje również pięć wibracyjnych pierwiastków Inteligentnej Kosmicznej Wibracji, która podtrzymuje strukturę stworzenia. Kciuk reprezentuje najgęstszy drganiowy pierwiastek – ziemię, stąd jego grubość. Pierwszy palec reprezentuje żywioł wody. Drugi palec reprezentuje błyskotliwy żywioł ognia; dlatego jest on najdłuższy. Trzeci palec reprezentuje powietrze. Palec najmniejszy reprezentuje eter, który jest bardzo subtelny.

Pocieranie każdego palca ożywia jego szczególną moc, którą reprezentuje. A zatem pocieranie środkowego palca (reprezentującego żywioł ognia) oraz pępka, (po przeciwnej stronie lędźwiowego, czyli „ogniowego" ośrodka w kręgosłupie, który rządzi trawieniem i przyswajaniem) pomoże wyeliminować niestrawność.

Bóg przejawia ruch w stworzeniu. Człowiek

rozwinął nogi i stopy z powodu pragnienia wyraże-
nia się w ruchu. Palce stóp są materializacją pięciu
promieni energii.

Oczy uosabiają Boga Ojca, Syna i Ducha Świętego
w źrenicy, tęczówce i w białku. Kiedy koncentrujesz
się na punkcie pomiędzy brwiami, to prąd w oby-
dwu oczach odbija się jako jedno światło i możesz
ujrzeć duchowe oko. Pojedyncze oko jest „okiem
Boga". Rozwinęliśmy dwoje oczu ze względu na prawo
względności, które dominuje w naszym dualistycznym
wszechświecie. Jezus powiedział: „Jeśli więc twoje oko
stanie się pojedyncze, całe twoje ciało będzie rozświet-
lone"[6]. Jeśli spojrzymy poprzez duchowe oko, pojedyncze oko Boga, to dostrzeżemy, że całe stworzenie
zbudowane jest z jednej substancji, Jego światła.

Zjednoczony z Bogiem, zjednoczony z Boską mocą

W ostatecznym pojęciu człowiek posiada wszelką
moc. Możesz zmienić wszystko co chcesz, kiedy
twoja świadomość zjednoczona jest ze świadomością
Boską. Części samochodowe można zamieniać lub
zastępować, kiedy jest potrzeba, ale wywołanie takiej

---

[6] Mateusz 6:22

zmiany w ciele fizycznym jest bardziej skompliko-
wane. Podstawowym czynnikiem, który kontroluje
wszystkie komórki jest umysł. Kiedy człowiek osiąga
pełną kontrolę umysłu, to komórki i części jego ciała
mogą być zastępowane lub wymieniane tak często,
jak on tego pragnie, i to na zawołanie. Mógłby on na
przykład sprawić, jedynie dzięki myśli, że atomy ciała
tak się zmienią, że wyrośnie mu całkiem nowy zestaw
zębów. Kiedy ktoś jest zaawansowany duchowo, to
posiada całkowitą kontrolę nad materią.

Bóg jest Duchem; bezosobowy Bóg jest niewidzialny. Ale kiedy stworzył On świat fizyczny, to
stał się Bogiem Ojcem. Z chwilą, kiedy przyjął rolę
Stwórcy, stał się osobą. Stał się On widzialny: cały
wszechświat jest ciałem Boga.

W formie ziemi posiada On pozytywną i ne-
gatywną stronę – biegun północny i południowy.
Gwiazdy są jego oczami, trawa i drzewa są Jego wło-
sami, a rzeki Jego krwioobiegiem. Ryk oceanu, śpiew
skowronka, płacz noworodka oraz wszystkie inne
dźwięki stworzenia są Jego głosem. Jest to osobowy
Bóg. Bicie serca wszystkich serc jest Jego pulsującą
kosmiczną energią. Chodzi On w dwóch miliardach obecnie: ośmiu miliardach par ludzkich stóp.
Pracuje On wszystkimi rękami. Jest to Jedna Boska

Świadomość, która przejawia się we wszystkich umysłach.

Dzięki Boskiemu prawu przyciągania i odpychania, komórki ludzkiego ciała są harmonijnie utrzymywane razem w taki sam sposób, w jaki gwiazdy są utrzymywane w równowadze w swoich właściwych orbitach. Wszechobecny Pan jest wiecznie aktywny; nie ma nigdzie miejsca, w którym nie byłoby jakiejś formy życia. Z nieograniczoną szczodrością Bóg nieustannie projektuje zmieniające się formy – niewyczerpane przejawy Jego kosmicznej energii.

Kiedy Boski Duch stwarzał świat, to miał On w myślach specyficzną ideę lub wzór. Najpierw uzewnętrznił On cały wszechświat, a następnie stworzył człowieka. Kształtując dla Siebie fizyczne ciało systemów planetarnych, Bóg przejawił trzy aspekty: kosmiczną świadomość, kosmiczną energię i kosmiczną masę, czyli materię.

Powyższe trzy aspekty korespondują z ideowym, czyli przyczynowym ciałem człowieka, ciałem astralnym lub energetycznym, i ciałem fizycznym. A duszą lub Życiem, kryjącym się za nimi, jest Duch.

Duch przejawia się makrokosmicznie jako kosmiczna świadomość, kosmiczna energia i ciało wszechświatów oraz mikrokosmicznie jako ludzka świadomość, ludzka energia i ludzkie ciało. Ponownie widzimy, że człowiek rzeczywiście został stworzony na Obraz Boski.

Bóg „rozmawia" poprzez wibrację

Bóg *naprawdę* pojawia się nam w fizycznej formie. Jest On bardziej osobowy niż możecie sobie to wyobrazić. Jest On tak samo realny i rzeczywisty, jak i wy jesteście. To jest właśnie to, co chcę wam dzisiaj powiedzieć. Pan zawsze nam odpowiada. Wibracja Jego myśli jest wysyłana nieustannie; wymaga to energii; energia przejawia się w dźwięku. Jest to bardzo istotna rzecz. Bóg jest świadomością. Bóg jest energią. „Rozmawiać" znaczy wibrować. W wibracji Swojej kosmicznej energii rozmawia On przez cały czas. Stał się Matką stworzenia, która materializuje się jako ciała stałe, ciecze, ogień, powietrze i eter.

Niewidzialna Matka nieustannie wyraża Siebie w kategoriach form widzialnych – w kwiatach, górach, morzach, i gwiazdach. Czym jest materia? Niczym innym niż określoną częstotliwością wibracji Boskiej kosmicznej energii. Żadna forma we wszechświecie nie jest naprawdę stała. To, co się takim wydaje, jest jedynie zwartą gęstą wibracją Jego energii. Pan rozmawia z nami poprzez wibracje. Ale pytanie brzmi, jak komunikować się z Nim bezpośrednio? Jest to najtrudniejsze ze wszystkich osiągnięć: rozmawiać z Bogiem.

Jeśli rozmawiasz z górą, to ona nie odpowie. Rozmawiaj z kwiatami jak Luter Burbank, a może odczujesz niewielką reakcję z ich strony. Możemy oczywiście rozmawiać z innymi ludźmi. Ale czyż Bóg jest mniej wrażliwy niż kwiaty i istoty ludzkie, że pozwala nam ciągle ze sobą rozmawiać, a mimo to nie odpowiada? Na to wygląda, czyż nie tak? Problem nie jest z Nim, ale z nami. Nasz intuicyjny system telefoniczny jest zepsuty. Bóg do nas dzwoni i mówi do nas, ale my Go nie słyszymy.

Kosmiczna Wibracja „mówi" wszystkimi językami

Święci Go słyszą. Kiedykolwiek pewien mistrz, którego znałem, modlił się, to odpowiadający głos Boga wydawał się nadchodzić z nieba. Bóg, żeby mówić, nie potrzebuje gardła. Jeśli będziesz modlić się wystarczająco mocno, to wibracje modlitwy przyniosą wibracyjną odpowiedź natychmiast. Usłyszysz ją w dowolnym języku, jakim zwykle się posługujesz. Jeśli modlisz się po niemiecku, to usłyszysz odpowiedź po niemiecku. Jeśli rozmawiasz po angielsku, to usłyszysz odpowiedź w języku angielskim.

Wibracje różnych języków pochodzą z kosmicznej wibracji. Bóg, będący kosmiczną wibracją, zna wszystkie języki. Czym jest język? Jest to pewna wibracja. Czym jest wibracja? Jest to jakaś energia. A czym jest energia? Jest to pewna myśl.

Chociaż Bóg słyszy wszystkie nasze modlitwy, to nie zawsze na nie odpowiada. Nasza sytuacja przypomina sytuację dziecka, które woła swoją matkę, ale matka nie sądzi, żeby konieczne było zaraz przyjść. Podaje mu zabaweczkę, żeby się uciszyło. Ale kiedy dziecko nie daje się ugłaskać niczym innym tylko obecnością matki, wtedy ona przychodzi. Jeśli chcesz poznać Boga, to musisz być jak to niegrzeczne dziecko, które płacze dopóty, dopóki matka nie przyjdzie.

Jeśli postanowicie, że nigdy nie przestaniecie za nią płakać, to Boska Matka będzie z wami rozmawiać. Jeśli nie będziecie ustawać w swoim płaczu, to bez względu na to, jak bardzo jest zajęta swoją pracą tworzenia, na pewno przyjdzie. Hinduskie pisma święte mówią nam, że jeśli wierny przez jedną noc i jeden dzień, bez chwili przerwy, będzie rozmawiał z Bogiem z intensywnym oddaniem, to On odpowie. Ale jakże niewielu to zrobi! Codziennie macie „ważne zajęcia" – „diabła", który trzyma was z dala od Boga. Pan nie przyjdzie, jeśli odmówicie jedynie krótką modlitwę i zaraz zaczniecie myśleć o czymś innym albo jeśli będziecie się modlili w taki sposób: „Wołam do Ciebie, ale chce mi się okropnie spać, Amen". Św. Paweł mówił: „Módlcie się nieustannie"[7].

Cierpliwy Hiob prowadził długie rozmowy z Bogiem. Hiob mówił do Niego: „Błagam Cię, słuchaj mnie, a będę mówił. Chcę spytać. Racz odpowiedzieć! Dotąd Cię znałem ze słyszenia, teraz ujrzało Cię moje oko"[8].

Kiedy kochanek wyznaje swoje uwielbienie mechanicznie, to jego ukochana wie, że jego słowa nie są szczere; „słyszy" ona to, co naprawdę jest w jego sercu. Podobnie, kiedy wierni modlą się do Boga, to On wie, czy oddanie w ich sercach i umysłach wyschło, i czy ich myśli pędzą szaleńczo we wszystkie strony; nie odpowiada On na mało entuzjastyczne wezwania. Ale z pewnością objawia się tym wiernym, którzy dzień i noc z najwyższą intensywnością modlą się do Niego i rozmawiają z Nim. Do takich wiernych on niezawodnie przychodzi.

---

[7] I Tesaloniczan 5:17

[8] Ks. Hioba 42:4-5

Wykonane przez Jagannath (Kalyana-Kalpataru)

BOSKA MATKA

Bóg w aspekcie Boskiej Matki reprezentowany jest w sztuce hinduskiej jako czteroramienna kobieta. Jedna ręka jest wzniesiona, oznaczając uniwersalne błogosławieństwo; w pozostałych trzech rękach trzyma ona różaniec, reprezentujący oddanie, strony pisma świętego, symbolizujące nauczanie i mądrość oraz naczynie ze święconą wodą, reprezentujące oczyszczenie.

Nie zadowalaj się niczym oprócz tego, co najwyższe

Nie marnuj czasu na poszukiwaniu małych rzeczy. Naturalnie łatwiej jest otrzymać od Boga inne podarunki niż najwyższy dar Jego Samego. Ale nie zadowalaj się niczym oprócz tego, co najwyższe. Nie dbam o podarunki, które przychodzą do mnie od Boga, z wyjątkiem tego, że widzę w nich Tego, który jest ich Dawcą. Dlaczego wszystkie moje pragnienia się zmaterializowały? Dlatego, że wgłębiam się w istotę rzeczy, idę prosto do Boga. Widzę Go w każdym aspekcie stworzenia. Jest On naszym Ojcem. Jest On bliższy niż najbliżsi, droższy niż najdrożsi, bardziej realny niż ktokolwiek inny. Jest On zarówno niepoznawalny, jak i poznawalny.

Bóg płacze za wami. Chce, żebyście do Niego wrócili. Takie jest wasze dziedziczne prawo. Któregoś dnia będziecie musieli opuścić tę ziemię; to nie jest miejsce stałego pobytu. Ziemskie życie to jedynie szkoła, w której On nas umieścił, żeby zobaczyć, jak się będziemy tutaj zachowywali, to wszystko. Zanim się objawi, Bóg chce wiedzieć, czy my pragniemy krzykliwej ziemskiej chwały, czy też nabyliśmy wystarczającą wiedzę, żeby powiedzieć:

„Skończyłem z tym wszystkim, Panie. Chcę

rozmawiać tylko z Tobą. Wiem, że jesteś wszystkim, co naprawdę posiadam. Ty pozostaniesz ze mną, kiedy wszyscy inni już odejdą".

Istoty ludzkie poszukują szczęścia w małżeństwie, w pieniądzach, w winie i tak dalej, ale tacy ludzie są marionetkami przeznaczenia. Kiedy sobie to uświadomimy, to odnajdujemy prawdziwy cel życia i naturalnie zaczynamy poszukiwać Boga.

Musimy odzyskać nasze utracone boskie dziedzictwo. Im bardziej jesteśmy bezinteresowni, im bardziej staramy się dać szczęście innym, tym pewniejsze, że będziemy myśleć o Bogu. A im więcej myślimy o ziemskich celach i o ludzkich pragnieniach, tym bardziej nasze duchowe szczęście się od nas oddala. Nie posłano nas tutaj na ziemię, abyśmy tarzali się w błocie zmysłów i byli doświadczani cierpieniem na każdym kroku.

To, co jest ze świata, jest złe, ponieważ dławi szczęśliwość duszy. Największe szczęście pochodzi z pogrążenia umysłu w myślach o Bogu.

Po cóż odkładać szczęście na później?

Dlaczego nie myślicie z wyprzedzeniem? Dlaczego uważacie rzeczy nieistotne za takie ważne? Większość ludzi skupia się na śniadaniu, obiedzie, kolacji, pracy, sprawach towarzyskich itp. Uczyńcie wasze życie prostszym i skupcie cały swój umysł na Bogu. Ziemia jest miejscem przygotowania się na powrót do Boga. Chce On zobaczyć, że kochacie Go bardziej niż jego podarunki. On jest Ojcem, a my wszyscy jesteśmy Jego dziećmi. On ma prawo do naszej miłości, a my mamy prawo do Jego miłości. Nasze kłopoty biorą się stąd, że Go zaniedbujemy. Ale On zawsze czeka.

Szkoda, że nie wpoił w nas więcej rozsądku. Mamy wolność odrzucić Boga albo Go przyjąć. A my tylko żebrzemy, żebrzemy i żebrzemy o niewielką ilość pieniędzy, trochę szczęścia, nieco miłości. Po cóż prosić o rzeczy, które pewnego dnia zostaną wam odebrane? Jak długo jeszcze będziecie biadać na temat pieniędzy, chorób i trudności? Uchwyćcie nieśmiertelność i królestwo Boże! Tego naprawdę chcecie.

Stawką jest Królestwo Boże

Święci kładą nacisk na nieprzywiązywanie się, tak żeby żaden silny punkt materialnego przywiązania nie przeszkodził w osiągnięciu przez nas całego królestwa Bożego. Wyrzeczenie nie oznacza porzucenia wszystkiego; oznacza ono porzucenie małych przyjemności dla wiecznej szczęśliwości. Bóg rozmawia z wami, kiedy dla Niego pracujecie, a wy powinniście rozmawiać z Nim nieustannie. Dzielcie się z Nim jakimikolwiek myślami, które przychodzą wam do głowy. I mówcie Mu, „Panie, objaw Się, objaw Się". Nie akceptujcie ciszy jako odpowiedzi. Z początku zareaguje On dając wam coś, czego potrzebujecie, pokazując wam, że zwraca na nas uwagę. Ale nie zadowalajcie się Jego podarkami. Dajcie Mu znać, że nigdy nie będziecie usatysfakcjonowani, dopóki nie dostaniecie Jego samego. W końcu On udzieli wam odpowiedzi. W wizji możecie ujrzeć twarz jakiejś świętej istoty albo możecie usłyszeć Boski Głos mówiący do was i będziecie wiedzieli, że obcujecie z Bogiem.

Nakłonienie Go, aby dał Samego Siebie, wymaga stałej, nieustającej gorliwości. Nikt nie może nauczyć was tej gorliwości. Musicie sami ją rozwinąć. „Możesz zaprowadzić konia do wodopoju, ale nie możesz zmusić go do picia". Ale kiedy koń jest spragniony, to szuka wody gorliwie. A zatem, kiedy macie ogromne pragnienie Boga, kiedy nie będziecie przywiązywali zbytniego znaczenia do niczego innego – ani życiowych prób, ani sprawdzianów formy fizycznej – wtenczas On przyjdzie. Pamiętajcie, kiedy wasz zew serca będzie intensywny, kiedy nie będziecie akceptowali żadnych usprawiedliwień, wtenczas On przyjdzie.

Musicie usunąć z umysłów wszelkie wątpliwości, że Bóg nie odpowie. Większość ludzi nie dostaje żadnej odpowiedzi z powodu swojej niewiary. Jeśli będziecie absolutnie zdeterminowani, żeby coś osiągnąć, nic nie będzie mogło was powstrzymać. To wtedy, kiedy się poddajecie, sami podpisujecie na siebie wyrok. Człowiek sukcesu nie zna słowa „niemożliwe".

Wiara jest nieograniczoną Bożą mocą ukrytą w waszym wnętrzu. Bóg poprzez Swoją świadomość wie, że stworzył wszystko, a zatem wiara oznacza wiedzę i przekonanie, że zostaliśmy stworzeni na obraz Boga. Kiedy jesteśmy zestrojeni z Jego świadomością w naszym wnętrzu, to możemy stwarzać światy. Pamiętajcie, w waszej woli kryje się wszechmocna siła Boża. Kiedy nadchodzą zastępy kłopotów, a wy nie chcecie się poddać, na przekór im wszystkim, kiedy wasze umysły zostają „nastawione", wtedy przekonacie się, że Bóg wam odpowie.

Bóg, który jest kosmiczną wibracją, jest Słowem. Bóg jako Słowo rozbrzmiewa we wszystkich atomach. Jest muzyką, która pochodzi ze wszechświata i którą głęboko medytujący wierny może usłyszeć. Teraz, w tym momencie, słyszę Jego głos. Kosmiczny

Dźwięk[9], który słyszycie w medytacji jest głosem Boga. Ten dźwięk formuje się w język dla was zrozumiały. Kiedy słucham *Aum* i czasem proszę Boga, żeby mi coś powiedział, to dźwięk *Aum* zmienia się w język angielski lub bengalski i daje mi dokładne instrukcje.

Bóg również rozmawia z człowiekiem poprzez jego intuicję. Jeśli nauczycie się, jak słuchać[10] Kosmicznej Wibracji, to łatwiej będziecie mogli usłyszeć Jego głos. Ale nawet, jeśli modlicie się do Boga poprzez kosmiczny eter, jeśli wasza wola jest wystarczająco silna, to eter odpowie Jego głosem. On zawsze z wami rozmawia, mówiąc:

„Wezwij Mnie, mów do Mnie z głębi własnego serca, z rdzenia własnej istoty, z samych głębin własnej duszy, uparcie, majestatycznie, stanowczo, z mocnym postanowieniem w swoim sercu, że będziesz Mnie poszukiwać nieustannie, bez względu na to, ile razy ci nie odpowiem. Jeśli nieprzerwanie będziesz szeptać do Mnie w swym sercu, «O mój milczący Ukochany, rozmawiaj ze mną», to przyjdę do ciebie, Mój wierny".

---

[9] *Aum* (Om), świadoma, inteligentna, kosmiczna wibracja, czyli Duch Święty.

[10] Poprzez pewną starożytną technikę nauczaną w *Lekcjach Self-Realization Fellowship*

Jeśli choć raz otrzymacie odpowiedź, to nigdy więcej nie będziecie się czuli odseparowani od Niego. To boskie doświadczenie na zawsze pozostanie z wami. Ale ten „pierwszy raz" jest trudny, ponieważ serce i umysł nie są przekonane, wdziera się wątpliwość podyktowana naszymi uprzednimi materialistycznymi poglądami.

Bóg odpowiada na szepty serc prawdziwych wiernych

Bóg odpowie każdej ludzkiej istocie, niezależnie od kasty, wyznania, czy koloru. W języku bengalskim jest powiedzenie, że jeśli wyślesz duchowe wezwanie do Boga jako Uniwersalnej Matki, to nie będzie Ona mogła pozostać milcząca. Będzie musiała przemówić. Czyż to nie piękne?

Pomyślcie o tym wszystkim co mnie dzisiaj natchnęło i o czym wam powiedziałem. Nigdy więcej nie powinniście wątpić, że Bóg wam odpowie, jeśli będziecie stali i wytrwali w swoich żądaniach. „A Pan rozmawiał z Mojżeszem twarzą w twarz, jak się rozmawia z przyjacielem"[11].

---

[11] Księga Wyjścia 33:11

O autorze

Ideał miłości do Boga i służby dla ludzkości znalazł swój pełen wyraz w życiu Paramahansy Joganandy. [...] Chociaż większą część swojego życia spędził poza Indiami, to zajmuje godne miejsce pośród naszych wielkich świętych. Jego dzieło nieustannie wzrasta i błyszczy coraz jaśniej, przyciągając zewsząd ludzi na ścieżkę pielgrzymki Ducha.

— Wyjątek z hołdu złożonego przez rząd indyjski Paramahansie Joganandzie z okazji wydania pamiątkowego znaczka w dwudziestą piątą rocznicę śmierci Paramahansy Joganandy.

Urodzony w Indiach 5 stycznia 1893 roku, Paramahansa Jogananda poświęcił swoje życie pomaganiu ludziom wszystkich ras i wyznań w urzeczywistnieniu i pełniejszemu wyrażeniu w ich życiu piękna, szlachetności oraz prawdziwej boskości ludzkiego ducha.

Po ukończeniu studiów uniwersyteckich w Kalkucie w 1915 roku Śri Jogananda złożył formalne śluby jako mnich czcigodnego indyjskiego Zakonu Swamich. Dwa lata później rozpoczął swoje życiowe dzieło zakładając szkołę nauczającą „jak żyć"— dzieło to od tamtej pory rozrosło się do dwudziestu jeden instytucji wychowawczych w całych

Indiach – i gdzie tradycyjne przedmioty akademickie wykładano razem z kursem jogi oraz instrukcjami dotyczącymi ideałów duchowych. W 1920 roku, jako delegat Indii, został zaproszony na Międzynarodowy Kongres Liberałów Religijnych w Bostonie. Jego wystąpienie na Kongresie oraz kolejne wykłady na wschodnim wybrzeżu USA zostały przyjęte entuzjastycznie, a w 1924 roku wyruszył na tournée z wykładami po całym kontynencie amerykańskim.

Poprzez kolejne trzy dziesięciolecia gruntownie przyczynił się do poszerzenia świadomości i docenienia przez Zachód duchowej mądrości Wschodu. W Los Angeles ustanowił międzynarodową siedzibę dla Self-Realization Fellowship – niesekciarskie religijne stowarzyszenie, które założył w 1920 roku. Poprzez swoje książki, wyczerpujące tournée z wykładami oraz utworzenie licznych świątyń i ośrodków medytacji stowarzyszenia Self-Realization Fellowship[12], Paramahansa Jogananda wprowadził tysiące poszukiwaczy prawdy w starożytną naukę i filozofię jogi oraz jej uniwersalne metody medytacji.

---

[12] W dosłownym tłumaczeniu – „Stowarzyszenie Samorealizacji". Paramahansa Jogananda wyjaśnił, że nazwa Self-Realization Fellowship oznacza „wspólnotę z Bogiem poprzez Samorealizację i przyjaźń ze wszystkimi poszukującymi prawdy duszami". Zobacz także „Cele i ideały Self-Realization Fellowship".

Obecnie duchowe i humanitarne dzieło rozpoczęte przez Paramahansę Joganandę jest kontynuowane pod przewodnictwem Brata Chidanandy, prezydenta Self-Realization Fellowship/Yogoda Satsanga Society of India. Poza wydawaniem jego książek, wykładów i nieformalnych przemówień (wliczając w to obszerną serię lekcji do studiowania w domu) stowarzyszenie zajmuje się również nadzorem nad swoimi świątyniami, pustelniami oraz ośrodkami na całym świecie, jak również wspólnotami monastycznymi Zakonu Self-Rrealization Fellowship oraz Ogólnoświatowym Kręgiem Modlitwy.

W artykule na temat życia i dzieła Śri Joganandy Dr. Quincy Howe Jr., profesor Katedry Języków Starożytnych w Scripps College napisał: „Paramahansa Jogananda przywiózł na Zachód nie tylko odwieczną indyjską obietnicę Bożego urzeczywistnienia, ale również i praktyczną metodę, dzięki której duchowi aspiranci ze wszystkich klas społecznych mogą szybko podążać do celu. Doceniane uprzednio na Zachodzie jedynie na najbardziej wzniosłym i abstrakcyjnym poziomie, duchowe dziedzictwo Indii jest obecnie dostępne jako praktyka i doświadczenie dla wszystkich, którzy aspirują do poznania Boga, nie w życiu pośmiertnym, ale tutaj i teraz. [...] Jogananda umieścił w zasięgu wszystkich najbardziej ekstatyczne metody kontemplacji".

Cele i ideały
Self-Realization Fellowship

Ustalone przez założyciela Paramahansę Joganandę
i prezydenta Brata Chidanandę

Rozpowszechniać wśród narodów wiedzę o szczególnych naukowych technikach dla osiągnięcia bezpośredniego, osobistego doświadczenia Boga.

Nauczać, że celem życia jest przekształcenie poprzez własny wysiłek ograniczonej doczesnej ludzkiej świadomości w Świadomość Bożą; w tym celu zakładać świątynie obcowania z Bogiem – świątynie Self-Realization Fellowship na całym świecie oraz zachęcać do zakładania indywidualnych świątyń Boga w domach i sercach ludzi.

Ukazać całkowitą zgodność i gruntowną jedność oryginalnego chrześcijaństwa, jakiego nauczał Jezus oraz oryginalnej Jogi, nauczanej przez Bhagawana Krysznę i pokazać, że te zasady prawdy są wspólnym naukowym fundamentem wszystkich prawdziwych religii.

Wskazać jedyną boską drogę, do której ostatecznie wiodą wszystkie ścieżki prawdziwych religii: drogę codziennej, opartej na naukowych podstawach, nabożnej medytacji o Bogu.

Wyzwolić człowieka z jego potrójnego cierpienia: chorób fizycznych, dysharmonii psychicznych oraz duchowej niewiedzy.

Zachęcać do „prostego życia i wzniosłego myślenia" oraz głosić wśród wszystkich ludzi ducha braterstwa przez nauczanie o wiekuistej podstawie ich jedności: pokrewieństwie z Bogiem.

Zademonstrować wyższość umysłu nad ciałem, duszy nad umysłem.

Pokonać zło dobrem, smutek radością, okrucieństwo dobrocią, niewiedzę mądrością.

Zjednoczyć naukę i religię przez uświadamianie jedności ich podstawowych zasad.

Wspierać kulturowe i duchowe zrozumienie pomiędzy Wschodem i Zachodem, umożliwiać wzajemną wymianę najlepszych, charakterystycznych dla nich wartości.

Służyć ludzkości jako większej własnej Jaźni.

Książki
Paramahansy Joganandy
w języku polskim

Inne tytuły w serii „Jak żyć"

Paramahansa Jogananda
Wysłuchane modlitwy
Uzdrawianie nieograniczoną mocą Bożą

Śri Mrinalini Mata
Związek guru-uczeń

Książki
Paramahansy Joganandy
w języku angielskim

Do nabycia w księgarniach lub
bezpośrednio od wydawcy
Self-Realization Fellowship
3880 San Rafael Avenue • Los Angeles,
California 90065-3219
Tel +1 (323) 225-2471 • Fax +1 (323) 225-5088
www.srfbooks.org

Autobiography of a Yogi

God Talks With Arjuna: The Bhagavad Gita
— A New Translation and Commentary

The Second Coming of Christ:
The Resurrection of the Christ Within You
*— A Revelatory Commentary on the
Original Teachings of Jesus*

The Yoga of the Bhagavad Gita

The Yoga of Jesus

The Collected Talks and Essays

Volume I: Man's Eternal Quest
Volume II: The Divine Romance
Volume III: Journey to Self-realization
Volume IV: Solving the Mystery of Life

Wine of the Mystic:
*The Rubaiyat of Omar Khayyam
— A Spiritual Interpretation*

Songs of the Soul

Whispers from Eternity

Scientific Healing Affirmations

In the Sanctuary of the Soul:
A Guide to Effective Prayer

The Science of Religion

Metaphysical Meditations

Where There Is Light
—Insight and Inspiration for Meeting Life's Challenges

Sayings of Paramahansa Yogananda

Inner Peace
—How to Be Calmly Active and Actively Calm

Living Fearlessly
—Bringing Out Your Inner Soul Strength

The Law of Success

How You Can Talk With God

Why God Permits Evil and How to Rise Above It

To Be Victorious in Life

Cosmic Chants

Nagrania audio
Paramahansy Joganandy

Beholding the One in All

The Great Light of God

Songs of My Heart

To Make Heaven on Earth

Removing All Sorrow and Suffering

Follow the Path of Christ, Krishna, and the Masters

Awake in the Cosmic Dream

Be a Smile Millionaire

One Life Versus Reincarnation

In the Glory of the Spirit

Self-Realization: The Inner and the Outer Path

Pozostałe publikacje
Self-Realization Fellowship

The Holy Science
Swami Sri Yukteswar

Only Love
—Living the Spiritual Life in a Changing World
Sri Daya Mata

Finding the Joy Within You:
Personal Counsel for God-Centered Living
Sri Daya Mata

Intuition
—Soul Guidance for Life's Decisions
Sri Daya Mata

God Alone
—The Life and Letters of a Saint
Sri Gyanamata

"Mejda"
—The Family and the Early Life of
Paramahansa Yogananda
Sananda Lal Ghosh

Self-Realization
(czasopismo założone przez
Paramahansę Joganandę w 1925 r.)

Nagrania DVD

Awake: The Life of Yogananda
– film nakręcony przez CounterPoint Films

Kompletny katalog książek i nagrań audio/wideo
– zawierający rzadko spotykane archiwalne nagrania
Paramahansy Joganandy – jest dostępny na żądanie na

www.srfbooks.org.

Lekcje
Self-Realization Fellowship

Naukowe techniki medytacji nauczane przez Paramahansę Joganandę, w tym Krijajoga, a także jego wskazówki dotyczące wszystkich aspektów zrównoważonego życia duchowego zawarte są w *Lekcjach Self-Realization Fellowship*.

Aby uzyskać więcej informacji…

Odwiedź stronę www.srflessons.org i poproś o kompleksowy bezpłatny pakiet informacyjny na temat *Lekcji*.